Thao Tran

Dinowitze zum Lesenlernen

W0041262

Thao Tran

Dinowitze zum Lesen-lernen

Mit Illustrationen von Steffen Gumpert

Ravensburger

1 3 5 4 2

Originalausgabe
© 2021 Ravensburger Verlag GmbH,
Postfach 2460, D-88194 Ravensburg
Cover- und Innenillustrationen: Steffen Gumpert
Alle Rechte vorbehalten
Printed in Germany
ISBN 978-3-473-53032-8

www.ravensburger.de

Inhaltsverzeichnis

Was du unbedingt über Dinos wissen solltest

Kleines Dinosaurier-Lexikon

Ankylosaurus:

- lebte vor 70–65 Millionen Jahren
- bis zu 9 Meter lang
- bis zu 3,5 Tonnen schwer
- Pflanzenfresser
- Merkmale: Panzerung aus Knochenplatten, um sich vor Angreifern zu schützen, und ein auffallendes Schwanzende in Form einer knöchernen Keule zur Verteidigung

Archaeopteryx:
- lebte vor 150–145 Millionen Jahren
- 0,5 Meter lang
- 0,8 bis 1 Kilogramm schwer
- Fleischfresser
- Merkmale: Flugdinosaurier, Urahn der heutigen Vögel, hatte aber Zähne im Schnabel

Argentinosaurus:
- lebte vor 100–90 Millionen Jahren
- bis zu 35 Meter lang
- bis zu 70 Tonnen schwer
- Pflanzenfresser
- Merkmale: einer der größten Dinosaurier und damit eines der größten bekannten Landtiere der Erdgeschichte

Brachiosaurus:

- lebte vor 157–145 Millionen Jahren
- bis zu 30 Meter lang
- bis zu 40 Tonnen schwer
- Pflanzenfresser
- Merkmale: einer der höchsten Dinosaurier mit einer Höhe von bis zu 13 Meter, was auch auf die ungewöhnlich langen Halswirbel zurückzuführen ist

Compsognathus:

- lebte vor 152–147 Millionen Jahren
- 1 Meter lang
- 1–3 Kilogramm schwer
- Fleischfresser
- Merkmale: Compsognathus heißt übersetzt „zierlicher Kiefer", einer der kleinsten Dinosaurier, langer Schwanz

Deinocheirus:

- lebte vor etwa 70 Millionen Jahren
- bis zu 11 Meter lang
- bis zu 6 Tonnen schwer
- Allesfresser
- Merkmale: Deinocheirus heißt übersetzt „schreckliche Hand", Arme bis zu 2,4 Meter lang, große Hände mit langen, gebogenen Krallen (bis zu 30 Zentimeter lang)

Elasmosaurus:

- lebte vor 83–72 Millionen Jahren
- bis zu 12 Meter lang
- bis zu 450 Kilogramm schwer
- Fleischfresser
- Merkmale: Meeresdinosaurier, sehr langer Hals mit 72 Halswirbeln (zum Vergleich: eine Giraffe hat nur 7 Halswirbel), dafür ein ziemlich kleiner Kopf

Giganotosaurus:

- lebte vor etwa 100 Millionen Jahren
- bis zu 13 Meter lang
- bis zu 8 Tonnen schwer
- Fleischfresser
- Merkmale: einer der größten fleischfressenden Dinosaurier

Pteranodon:

- lebte vor 86–72 Millionen Jahren
- Spannweite bis zu 9 Meter
- bis zu 16 Kilogramm schwer
- Fischfresser
- Merkmale: großer Flugsaurier (vergleichbar mit einem Albatros), relativ leicht dank hohler Knochen

Scutellosaurus:

- lebte vor etwa 200 Millionen Jahren
- bis zu 1,2 Meter lang
- bis zu 10 Kilogramm schwer
- Pflanzenfresser
- Merkmale: kleiner Dinosaurier, auffallend langer Schwanz

Shonisaurus:

- lebte vor 230–200 Millionen Jahren
- bis zu 20 Meter lang
- bis zu 30 Tonnen schwer
- Fischfresser
- Merkmale: einer der größten Meeresdinosaurier, ausladender Körper (wie ein Wal), lange Schnauze, schmale, paddelförmige Flossen

Spinosaurus:

- lebte vor 110–95 Millionen Jahren
- bis zu 18 Meter lang
- bis zu 9 Tonnen schwer
- Fleischfresser
- Merkmale: gehört wie der Giganotosaurus zu den größten fleischfressenden Dinosauriern, auffälliges Rückensegel, krokodilartiger Kopf

Stegosaurus:

- lebte vor 155–145 Millionen Jahren
- bis zu 9 Meter lang
- bis zu 4,5 Tonnen schwer
- Pflanzenfresser
- Merkmale: zwei Reihen unterschiedlich große, flache, drachenähnliche Platten auf Hals und Rücken, lange Schwanzstacheln

Triceratops:

- lebte vor 68–66 Millionen Jahren
- bis zu 9 Meter lang
- bis zu 12 Tonnen schwer
- Pflanzenfresser
- Merkmale: Triceratops heißt übersetzt „Dreihorngesicht", drei kräftige Hörner und Nackenschild

Tyrannosaurus Rex:

- lebte vor 68–66 Millionen Jahren
- bis zu 13 Meter lang
- bis zu 7 Tonnen schwer
- Fleischfresser
- Merkmale: einer der blutrünstigsten und gefährlichsten Räuber der Urzeit, massiger Kopf, lange Beine, kurze Arme, schwerer Schwanz

Verrückte Fakten

Die meisten Pflanzenfresser hatten einen langen Hals und einen langen Schwanz. Mit dem langen Hals holten sie die Blätter aus den Baumkronen. Den langen Schwanz benötigten sie als ausgleichendes Gewicht und zur Verteidigung.

Zur Zeit der Dinosaurier waren einige Schildkröten so groß wie Elefanten.

Der Sarcosaurus hatte 132 Zähne. Das sind doppelt so viele wie bei einem heutigen Krokodil.

Der Triceratops war wahrscheinlich einer der letzten Dinosaurier auf der Welt.

Das Zeitalter der Dinosaurier, auch Mesozoikum genannt, lässt sich in drei Perioden einteilen: Trias, Jura und Kreidezeit.

Bevor die Menschen wussten, dass es einmal Dinosaurier gab, dachten sie, die gefundenen Fossilien seien Knochen von Drachen oder Riesen.

Das Erdmittelalter begann vor 252 Millionen Jahren. Die ersten Dinosaurier wurden wahrscheinlich vor 240 Millionen Jahren geboren.

Flugsaurier konnten so groß werden wie kleine Flugzeuge.

Heutige Vögel wie Hühner, Tauben und Kolibris sind die engsten Verwandten der Dinosaurier.

Im Erdmittelalter gab es Insekten, die aussahen wie die Insekten, die wir heute kennen. Sie waren aber viel größer. Es gab Hundertfüßer, die so groß waren wie ein vierjähriges Kind.

Die Dinosaurier sind vor 66 Millionen Jahren ausgestorben. Während des Massensterbens der Dinosaurier starben auch die riesigen Meeresreptilien und die Flugsaurier aus.

Fleischfressende Dinosaurier hatten vermutlich schlechte Zähne, weil das Fleisch zwischen ihren Zähnen verfaulte.

Zur Zeit der Dinosaurier lebten bereits Schildkröten, Riesenkrokodile, Schlangen, Haie, Schnecken, Seesterne und andere Tiere.

Im Zeitalter der Dinosaurier gab es noch kein Gras. Das erste Gras wuchs, als die Dinosaurier schon Millionen Jahre ausgestorben waren.

Lachen bis die Eiszeit kommt

Unterhalten sich ein Argentinosaurus und ein kleiner Scutellosaurus. Der Argentinosaurus erklärt ausführlich, wie froh er ist, so einen langen Hals zu haben: „Zum Beispiel komme ich an die leckeren Blätter der Baumkronen, und weißt du, im Sommer, wenn es richtig heiß ist, liebe ich das Gefühl, wenn ein großer Schluck Wasser kühl meinen Hals hinunterrinnt!" „Und?", erkundigt sich der Scutellosaurus. „Wie ist es so, wenn dir übel ist und du dich erbrechen musst?"

Gehen zwei Ankylosaurier spazieren. Da sehen sie einen Ameisenhaufen. Staunend meint der eine: „Ist schon faszinierend, wie so ein kleines Tier so einen großen Haufen machen kann!"

Zwei Argentinosaurus-Weibchen sitzen
in der Wüste.
Sagt das eine zum anderen: „Rutsch mal
ein Stück rüber. Ich will auch im Sand
sitzen."

Zwei Brachiosaurier machen sich genüsslich über eine Baumkrone her. Sagt der eine: „Wenn du noch mehr frisst, wirst du platzen!"
Darauf der andere: „Na, dann überlass mir mal die letzten Blätter und geh in Deckung!"

Ein kleiner Triceratops sucht seinen Vater und fragt den nächstbesten Artgenossen: „Haben Sie einen großen Triceratops ohne Kind gesehen, der so aussieht wie ich?"

Ein Compsognathus und ein Brachiosaurus wollen schwimmen gehen,
doch das Wasser ist ziemlich kalt.
Der Compsognathus macht seinem
Begleiter den Vorschlag: „Du hast viel
dickere Haut, geh du zuerst rein und
sag mir, wie kalt es tatsächlich ist!"
„Einverstanden", sagt der Brachiosaurus.
„Aber wehe, du schubst mich!"

**Egal wie sauer du bist –
Dinos sind Saurier!**

Ein Deinocheirus-Pärchen unterhält sich:
„Hast du auch an unser Baby gedacht?"
„Ja, natürlich!"
„Und hast du es auch gefüttert?"
„Nein."
„Was hast du dann gemacht?"
„Ich habe an unser Baby gedacht!"

Zwei Stegosaurier kommen in einen Meteoritenhagel. Sagt der eine: „Lass uns gehen, es fängt an zu regnen!"

Die Ankylosaurus-Mama kommt in ihre Höhle. Sie fragt ihren Nachwuchs: „Und, war jemand da?"
Darauf die Kinder: „Ja."
Da fragt die Mutter zurück: „Wer?"
Die Kleinen: „Wir!"
Darauf die Mutter etwas verärgert: „Nein, ich meine, ob jemand gekommen ist!"
Die Kinder antworten: „Ja, du!"

Ein Stegosaurus läuft mit schrecklichem Durst durch eine furchtbar trockene Gegend. Da trifft er einen Artgenossen und fragt: „Entschuldigung, wo ist denn das nächste Wasserloch?"
„Ach, ganz einfach", antwortet der andere. „Immer geradeaus und nächste Woche siehst du links von dir ein Wasserloch!"

Kommt ein kleiner Deinocheirus zu seiner Mama, die ein Buch in der Hand hat.
„Mama?", fragt der kleine Deinocheirus. „Was ist das für ein Buch?"
Die Mutter antwortet: „Das ist ein Buch über Kindererziehung."
„Ach so", sagt der Kleine. „Also quasi meine Bedienungsanleitung!"

Laufen zwei Dinosaurier durch die Wüste. Sagt der eine zum anderen: „Muss eine sehr kalte Eiszeit gewesen sein. Sie haben wirklich großflächig gestreut!"

Zwei Elasmosaurier verabreden sich.
„Wo wollen wir uns denn treffen?"
„Mir egal!"
„Und wann?"
„Wann du willst!"
„Ok, bis dann!"

Zwei Ankylosaurier können nicht schlafen und unterhalten sich.
„Glaubst du, es gibt Ankylosaurier auf den anderen Sternen?"
„Klar, sonst wäre dort ja nachts nicht das Licht an!"

Mama Argentinosaurus ruft ihre beiden frechen Kinder zu sich und sagt: „Zum Geburtstag wünsche ich mir zwei richtig brave Kinder."
„Oh toll!", antworten die beiden.
„Dann sind wir ja bald zu viert!"

Ein kleiner Triceratops kommt ganz aufgeregt nach Hause und sagt zu seiner Mutter: „Dahinten ist schon wieder ein Vulkan ausgebrochen!"
„Und?", fragt die Mutter. „Konnten sie ihn wieder einfangen?"

Sagt ein Ankylosaurus zu seinem Kind: „Geh mal was zu fressen holen, du hast die jüngeren Beine!"
Entgegnet das Kleine: „Meinst du nicht, wir sollten erst einmal deine alten Beine aufbrauchen?"

Eine Stegosaurierfamilie hat Nachwuchs bekommen.
Der stolze Vater sagt: „Er sieht genauso aus wie ich!"
Die Mutter überlegt kurz und meint: „Nicht so schlimm! Hauptsache, er ist gesund!"

Zwei kleine Scutellosaurier wollen nach Hause.
Sagt der eine zum anderen: „Wollen wir zu Fuß gehen oder nehmen wir den Brachiosau-Bus?"

Zwei Scutellosaurier treffen sich.
Der eine fragt: „Wie bist du denn
hergekommen, auf einem Sauropoden?"
„Warum?"
„Du siehst so mitgenommen aus!"

Zwei Pteranodon-Kinder fliegen
durch die Luft.
Sagt das eine: „Komm, lass mich
auch mal in die Mitte!"

Sitzen zwei Archaeopteryx-Männchen auf einem Ast. Da kommt ein Meteorit mit brennendem Schweif vorbeigeflogen. Staunend fragt der eine: „Sag mal, warum kann der so schnell fliegen?" Antwortet der andere: „Wenn dir dein Popo brennen würde, wärst du auch so schnell!"

Ein Stegosaurus hat sich verirrt und fragt einen Artgenossen: „Wo geht dieser Weg denn bitte hin?"
Antwortet dieser: „Der geht nirgendwohin, der bleibt, wo er ist."

Ein Scutellosaurus und ein Argentinosaurus erreichen eine alte, morsche Holzbrücke.
Der Scutellosaurus sagt: „Ich geh vor und wenn die Brücke hält, kommst du einfach nach!"

Sitzt ein Archaeopteryx-Pärchen auf einem Baum und sieht zu, wie ein kleiner Brachiosaurus die Äste hinaufsteigt, abspringt und versucht, in den Gleitflug zu kommen. Da sagt der eine Urzeitvogel: „Ich glaube, wir müssen ihm bald sagen, dass er adoptiert ist."

Ein Archaeopteryx fragt seinen Artgenossen: „Wo fliegst du denn hin?"
„Zur Sonne!"
„Aber das ist doch viel zu heiß!"
„Ja, tagsüber schon, aber jetzt ist ja schon Abend!"

„Früher war ich ein Zwilling", sagt der kleine Shonisaurus zu seinem Freund.
„Wie kommst du denn darauf?"
„Meine Mutter sagte neulich, sie erinnere sich noch ganz genau daran, wie ich aussah, als ich noch zwei war!"

Zwei Giganotosaurier-Männchen laufen durch die Einöde. Dem einen knurrt der Magen.
Fragt das andere: „Was war denn das?"
Sagt das erste: „Meine innere Stimme!"

Zwei Ankylosaurier unterhalten sich.
„Du, mein Bruder ist gestern vom Blitz
erschlagen worden!"
Darauf der andere: „Na ja, er sah in
letzter Zeit auch sehr schlecht aus."

**Zwei Triceratops-Kinder spielen im
Urwald. Plötzlich rammt eines der
beiden eine urzeitliche Palme und
Kokosnüsse prasseln auf seinen Rücken
nieder. Da meint es aufgeregt zu seinem
Freund: „Du, ich muss nach Hause. Es
fängt an zu regnen."**

Streiten sich zwei Dinos.
Sagt der eine: „Warum kannst du nie mit
mir einer Meinung sein?"
Antwortet der andere: „Weil wir dann
beide im Unrecht wären!"

Sagt der kleine Compsognathus zum dicken Brachiosaurus: „Hey, Brachiosaurus, komm mal aus dem Wasser raus!"
Der Brachiosaurus antwortet: „Nein, ich schwimme gerade so schön!"
Der Compsognathus piepst: „Bitte, Brachiosaurus!"
Da kommt der schwere Brachiosaurus langsam aus dem Wasser raus.
Der kleine Compsognathus ruft: „Gut, danke, du kannst wieder reingehen. Ich wollte nur sehen, ob du meine Badehose anhast!"

Kurz vor dem Aussterben fragt das letzte Brachiosaurus-Weibchen seinen Mann: „Liebst du mich?"
Antwortet dieser: „Klar, wen denn sonst?"

Die Ankylosaurus-Mutter schimpft mit ihrem kleinsten Sohn: „Ach Pummel, mit dir ist es immer dasselbe. Du läufst langsam, du sprichst langsam und du bist der Schlechteste in der Schule. Gibt es überhaupt irgendwas, das bei dir schnell geht?"

Der kleine Pummel überlegt lange.

Dann sagt er langsam: „Ja klar, Mama. Ich werde schnell müde."

Fragt ein Dinosaurierkind seinen Freund:
„Wann bist du eigentlich auf die Welt
gekommen?"
„Keine Ahnung. Ich hatte keine Uhr im
Ei!"

Fragt ein kleiner Giganotosaurus seine
Mutter: „Mama, wann bin ich eigentlich
aus dem Ei geschlüpft?"
„Am 3. April, mein Schatz."
„Was für ein Zufall, genau an meinem
Geburtstag!"

Sagt der eine Brachiosaurus zum
anderen: „Sag mal, wie alt ist eigentlich
dein Großvater?"
„Keine Ahnung, aber ich kenne ihn schon
ziemlich lange!"

Zwei Urzeitfliegen sitzen zusammen
auf einem Moschops-Misthaufen.
Da sagt die eine: „Du, ich weiß einen
tollen Witz!"
„Der ist doch bestimmt wieder
unappetitlich!"
„Ja, warum?"
„Dann warte doch bitte bis nach
dem Essen!"

Auf einem langen Marsch durch die Steppe sinkt der Giganotosaurus erschöpft zu Boden.
Ein Scutellosaurus kommt des Weges und bietet seine Hilfe an: „Komm, ich trage dich ein Stück, aber du darfst die Beine nicht schleifen lassen."

Ein Brachiosaurus isst genüsslich seine Mahlzeit und sagt zu einem anderen, der eben herbeigekommen ist: „Ich hätte noch ein schmackhaftes Gebüsch übrig, möchtest du es?"
Sagt der andere: „Gerne!"
Nach einer Weile fragt der erste: „Und schmeckt es dir?"
Antwortet der zweite: „Klar, ist lecker!"
„Dann verstehe ich nicht, warum der andere Sauropode es vorhin ausgespuckt hat!"

Ein Stegosaurus fragt einen anderen: „Es soll hier Schlangen geben. Meinst du, die sind gefährlich? Und was sollte man tun, wenn man einer begegnet?"
„Hmmm, vordrängeln könnte als unhöflich empfunden werden – also besser hinten anstellen!"

Ein Spinosaurus und ein Ankylosaurus sind an einem Fluss. Der Spinosaurus macht einen großen Satz und landet sicher am anderen Ufer.
Der Ankylosaurus sagt: „Oh nein, das schaffe ich nie in einem Sprung!"
Da ruft der Spinosaurus von drüben: „Dann mach eben zwei Sprünge!"

Steht ein Stegosaurus an einem breiten, reißenden Fluss. Plötzlich sieht er am anderen Ufer einen Artgenossen, wird neugierig und ruft ihm zu: „Sag mal, wie bist du denn über den Fluss gekommen?"
Ruft der andere zurück: „Ich bin hier geboren!"

Ein Brachiosaurus tritt versehentlich auf einen kleinen Scutellosaurus. Er geht zur nächsten Höhle, klopft und fragt:
„Ist das euer Scutellosaurus?"
„Nein, unserer ist nicht so platt!"

Die Argentinosaurus-Mama ist mit ihrem Nachwuchs am Wasserloch. Alle nehmen einen großen Schluck. Plötzlich fangen die Kleinen an zu prusten. Fragt die Mama: „Habt ihr euch verschluckt?"

„Nein, nein", wird die Mama beruhigt. „Wir sind alle noch da."

Sagt ein Elasmosaurus zum anderen: „Nun hör mal auf, ständig ‚Land in Sicht!' zu rufen – wenigstens solange wir noch am Ufer sind!"

Kommt ein Brachiosaurus mit einem Archaeopteryx auf der Schulter zu seinen Freunden.
Diese fragen: „Wo hast du den denn her?"
Der Archaeopteryx antwortet: „Ach, der stand im Wald herum."

Sagt ein Brachiosaurus zu einer Brachiosaurus-Mama mit ihrem Kleinen: „Wie willst du den klitzekleinen Saurier denn großziehen?"
„Großziehen?", fragt die Mutter verblüfft. „Den lasse ich einfach wachsen!"

Findet ein Deinocheirus einen alten Spiegel im Müll, guckt hinein und denkt sich: „Nun, dieses Bild hätte ich auch weggeworfen!"

Zwei Saurier unterhalten sich am Morgen.

Der eine fragt: „Sag mal, hast du nichts von diesem Gewitter heute Nacht mitbekommen?"

„Doch, natürlich", sagt der andere.

„Und warum hast du mich dann nicht geweckt? Du weißt doch, dass ich bei Gewitter nicht schlafen kann!"

Stehen zwei Spinosaurier auf einem Berg.

Sagt der eine: „Grrr!"

Sagt der andere: „Grr, Grrr!"

Kommt ein dritter und meint: „Grrr, Grr, Grr!"

Da meint der erste zu dem zweiten: „Komm, lass uns gehen, der quatscht mir zu viel!"

Fragt ein Triceratops den anderen: „Wie komme ich denn von hier am schnellsten in den Wald?"
„Seltsame Frage", antwortet der andere Triceratops. „Renn einfach so schnell du kannst!"

. . . .

Sagt ein Triceratops zum anderen: „Heute Nacht habe ich geträumt, ich hätte einen riesigen Pilz gegessen!"
Sagt der andere: „Interessant, und dann?"
„Als ich heute Morgen aufwachte, war mein Kopfkissen verschwunden!"

. . . .

Steht ein Brachiosaurus vor einem Waldbrand und denkt sich: „Ach du meine Güte, mein Essen brennt!"

Zwei Scutellosaurier streunen im Sommer herum.

Fragt der eine den anderen: „Weißt du eigentlich, wo diese lästigen Mücken im Winter sind?"

Antwortet der andere: „Keine Ahnung, aber ich wünschte, sie wären auch im Sommer dort!"

Zwei Stegosaurier spielen Tennis.
Als es zu regnen beginnt, reckt ein Argentinosaurus seinen Hals aus der Höhle und ruft: „Warum kommt ihr nicht rein? Hier könnt ihr Tischtennis spielen."
Da antworten die Stegosaurier: „Was für ein Quatsch, schon mal Stegosaurier Tischtennis spielen gesehen?"

Ein Brachiosaurus und ein Scutellosaurus laufen in der Sonne, der kleine Scutellosaurus immer im Schatten des großen Brachiosaurus. Nach einiger Zeit sagt der Scutellosaurus: „Wenn es dir zu heiß wird, können wir auch gerne tauschen."

Sitzt ein Scutellosaurus rückwärts auf dem Kopf eines Brachiosaurus und ruft: „Kopf hoch, Schwanz runter, ich will rutschen!"

Sagt der große Giganotosaurus zu seinem kleinen Bruder: „Nun trödel nicht so, mach mal ein bisschen schneller, sonst mach ich dich zur Schnecke!" Grinsend antwortet der kleine Bruder: „Hast du die Viecher schon mal gesehen? Glaubst du im Ernst, dass ich dann schneller bin?"

Sagt ein Elasmosaurus zum anderen: „Dein Maul ist offen!"
Antwortet der andere: „Weiß ich, hab ich ja selbst aufgemacht!"

Fragt der kleine Compsognathus beim Zubettgehen seine Mama: „Darf ich noch ein bisschen lesen?"
„Nein", sagt die Mama. „Wir müssen sparsam mit den Glühwürmchen umgehen!"

„Du darfst aber nicht alle saftigen Blätter alleine futtern", mahnt die Stegosaurus-Mama ihr Jüngstes. „Denk doch mal an die anderen Kinder!"
Mampfend antwortet der kleine Stegosaurus: „Klar denke ich an die. Was meinst du, wieso ich so schnell fresse?"

Ein Spinosaurus und ein Brachiosaurus streiten sich.
Brachiosaurus: „Aasfresser!"
Spinosaurus: „Biotonne!"

Die Dino-Mutter zu ihrem Sohn: „Du musst die Apfelsine natürlich erst schälen, bevor du sie isst."
„Aber warum denn?", will der Sohn wissen. „Ich weiß doch schon, was drin ist!"

• •

Ein Brachiosaurus auf Wanderschaft kommt in eine einsame Gegend und ärgert sich über das schlechte Wetter. Da trifft er einen Artgenossen und fragt ihn: „Sag mal, regnet es hier eigentlich immer?"
„Nein", antwortet dieser. „Im Winter schneit es auch manchmal."

• •

Zwei Dinosaurier treffen sich.
Fragt der eine: „Kannst du mir sagen,
wie spät es ist?"
„Nein, keine Ahnung."
„Und du willst ein Ur-Tier sein?!"

**Sagt die Scutellosaurus-Mama zu
ihrem Sohn: „Zieh deinem Bruder nicht
immer am Schwanz!"
Darauf antwortet der Sohn: „Er zieht
doch, ich halte nur fest!"**

Treffen sich zwei Scutellosaurier.
Fragt der eine: „Warum schnippst du
denn ständig mit den Fingern?"
Antwortet der andere: „Das hält
böse Giganotosaurier fern!"
„So ein Quatsch, hier gibt es doch
gar keine!"
„Na siehst du? Es funktioniert!"

Zwei Stegosaurier machen eine Wanderung. Nach einer Weile werden sie müde und möchten Rast machen. Der eine meint: „Hier ist doch ein schöner Platz für ein kleines Picknick, oder nicht?"

„Na klar", sagt der andere. „Millionen von Ameisen können nicht irren!"

Sagt ein Brachiosaurus zum anderen: „Dieser Baum schmeckt irgendwie komisch …"

Sagt der andere: „Wenn das so ist: Von mir aus darfst du beim Essen ruhig lachen!"

Kicherspaß aus der Urzeit

Der kleine Simon erzählt seinen Freunden: „Der Pteranodon ist schon ausgestorben, genau wie mein Hamster vor einem Jahr!"

Beim Lesen eines Buches über Dinosaurier fragt der kleine Magnus seine Mutter: „Wo kamen eigentlich die Deinocheirus-Babys her? Aber jetzt nicht wieder die Geschichte mit dem Storch, bitte!"

Im Museum sagt ein Dinosaurier-Skelett zum anderen: „Es ist wirklich kalt geworden."
„Stimmt", antwortet das andere. „Man friert bis auf die Knochen."

Mila fragt den Lehrer: „Herr Lehrer, was fressen eigentlich Spinosaurier?"
„Was sie so finden!"
„Und wenn sie nichts finden?"
„Dann fressen sie eben etwas anderes!"

„Komm, wir gehen ins Museum, die haben da riesige Reptilien aus der Urzeit ausgestellt!"
„Ach, nee danke. Mein Bruder hat einen Leguan. Wenn ich mir den durch eine Lupe angucke, sehe ich auch ein großes Reptil!"

Emil hat einen kleinen Bruder bekommen. Er schaut sich das winzige Baby an und sagt dann zu seiner Mutter: „Ganz niedlich, Mama, aber eigentlich hatte ich mir doch einen Dinosaurier gewünscht!"

Sagt der Lehrer zur Schülerin Luise: „Zähl bitte zehn Dinosaurier in fünf Sekunden auf!"
Darauf antwortet Luise: „Acht Argentinosaurier und zwei Stegosaurier, Herr Lehrer!"

Ein Junge zeigt seinem Freund Fotos, die er vor der Dinosaurierausstellung gemacht hat: „Hier bin ich zusammen mit dem Spinosaurus!"
Nachdenklich fragt der Freund: „Bist du der mit dem Rückensegel?"

Ella sagt seufzend: „Ich wünschte, ich hätte das Geld, mir ein vollständiges Brachiosaurus-Skelett zu kaufen."
Sarah fragt sie: „Was willst du denn mit diesem Skelett anfangen?"
„Das Skelett kann ich eigentlich nicht gebrauchen, aber ich wünschte eben, ich hätte so viel Geld!"

· ·

In der Klasse unterhalten sich zwei Schüler im Unterricht.
Sagt der eine: „Wusstest du, dass der Elasmosaurus total lange unter Wasser bleiben konnte, ohne Luft an der Oberfläche zu holen?"
Der andere entgegnet: „Also, wenn ich so aussehen würde, hätte ich auch keine Lust, wieder aufzutauchen!"

· ·

Fragt der Kunstlehrer den kleinen Noah:
„Und, was malst du gerade?"
Noah antwortet: „Mein Bild zeigt
pflanzenfressende Ankylosaurier
auf einer grünen Wiese."
„Aber", sagt der Lehrer, "ich sehe
gar keine Pflanzen!"
„Die Pflanzen wurden ja auch von
den Ankylosauriern aufgefressen!"
„Aber ich sehe auch keine Saurier
auf deinem Bild!"
„Herr Lehrer, warum sollten sich
pflanzenfressende Saurier auch
ausgerechnet dort aufhalten,
wo es keine Pflanzen mehr gibt?"

Die Lehrerin fragt Ben: „Was fraßen
denn die Shonisaurier?"
Darauf antwortet Ben: „Was ihnen
eben so schmeckte!"

Die beiden Schwestern Livia und Amelie sind in einer Klasse. Die Lehrerin gibt ihnen als Hausaufgabe einen Aufsatz mit dem Thema *Der Scutellosaurus* auf. Am nächsten Tag sagt die Lehrerin zu den Schwestern: „Aber ihr habt ja beide genau denselben Aufsatz geschrieben!" Livia und Amelie antworten nur: „Natürlich, wir haben ja auch über denselben Scutellosaurus geschrieben!"

Der Vater zeigt seinem Sohn in einem Buch einen Ankylosaurus.

Sichtlich erheitert sagt das Kind: „Guck mal, der sieht aus wie Opa Karl!"

„Also nein", ermahnt ihn der Vater. „So etwas sagt man doch nicht!"

Doch der Sohn antwortet unbeeindruckt: „Warum nicht? Der Saurier kann uns doch nicht hören!"

Fragt der Papa seinen Sohn: „Magst du Stegosaurier?"

Der Sohn antwortet brav: „Ich esse alles, was auf den Tisch kommt!"

Der Deutschlehrer ermahnt die Schülerin: „Ich habe gesagt, alles, was man anfassen kann, wird großgeschrieben. Du hast aber *Giganotosaurus* kleingeschrieben!"
„Das stimmt, Herr Lehrer, aber ich würde mich auch nie trauen, so ein Viech anzufassen!"

Im Kunstunterricht fragt die Lehrerin: „Was malst du denn da, Mia?"
„Einen Dinosaurier."
„Und wo ist der Kopf?"
„Noch im Bleistift."

Fragt der Lehrer: „Jan, kannst du mir einen Dinosaurier der Kreidezeit nennen?"
Jan: „Klar, welchen hätten Sie denn gerne?"

Die Lehrerin fragt Leon: „Was weißt du über den Deinocheirus?"
Leon antwortet: „Er hatte eine ganz schlechte Schrift."
„Wie kommst du denn darauf?", möchte die Lehrerin wissen.
Daraufhin Leon: „In unserem Buch steht, dass er eine furchtbare Klaue hatte."

Opa erzählt den Enkelkindern von seinem Kampf mit den Giganotosauriern.
Die Kinder sind skeptisch und geben zu bedenken: „Aber die Giganotosaurier sind doch schon alle ausgestorben!"
„Richtig", sagt Opa. „Ich habe keinen von ihnen verschont!"

„Papa, was ist eigentlich ein Triceratops?"

„Ach, irgend so ein verrückter Fisch!"

„Aber in meinem Buch steht, dass er krautige Pflanzen vom Boden fraß!"

„Siehst du, echt verrückt dieser Fisch!"

Der Großvater erzählt mal wieder von seinen Abenteuern: „Und dann stand ich plötzlich direkt dem schrecklichen Giganotosaurus gegenüber!"
„Und dann, was ist dann passiert?", fragen die aufgeregten Kinder im Chor.
„Na dann bin ich eben in den nächsten Raum gegangen und habe mir die anderen Ausstellungsstücke des Museums angeschaut!"

Papa liest Mama einen Absatz aus der Zeitung vor: „Manchmal sind Hunderte von Brachiosauriern nötig, um ein einziges vollständiges Skelett für das Museum zusammenzubauen."
„Komisch", entgegnet Mama. „Dabei gibt es doch bestimmt genug motivierte junge Menschen, die das auch alleine hinkriegen würden!"

„Können Sie mir sagen, wie ich ganz schnell ins Dinosaurier-Museum komme?"

„Ach, da müssen Sie sich nicht so beeilen. Die bewegen sich eh nicht mehr vom Fleck!"

Opa erzählt wieder Geschichten: „Und da ritt ich dahin im Galopp, hinter mir ein Spinosaurus, vor mir ein Deinocheirus ..."

„Und dann, was passierte dann, Opa?", wollen die Kinder wissen.

„Dann war die Karussellfahrt zu Ende!"

„Mama, Mama, unsere Lehrerin weiß nicht, was ein Triceratops ist!"
„Wie kommst du denn darauf?"
„Ich habe im Kunstunterricht einen Triceratops gemalt und sie hat gefragt, was das sei."

Fragt der Lehrer: „Nennt mir drei Dinge, die Eier enthalten." Antwortet ein Schüler: „Pfannkuchen, Hühner und schwangere Dinosaurier!"

„Mama, Mama, Marie hat meinen Spielzeug-Dinosaurier kaputtgemacht!"
„Wie das denn?"
„Ich habe ihr damit auf den Kopf gehauen, da ist er zerbrochen!"

„Jetzt reicht es mir aber", sagt Max zu seinem kleinen Bruder. „Wie oft habe ich dich schon gebeten, mir endlich meinen Dino zurückzugeben, den ich dir geliehen habe?"
„Nun mal schön langsam", antwortet Ben. „Wie oft musste ich dich denn bitten, bis du ihn mir überhaupt geliehen hast?"

Der Lehrer testet die kleine Jasmin: „Wie viele Augen hat ein Ankylosaurus?"
Jasmin: „Zwei!"
Lehrer: „Und wie viele Beine?"
Jasmin: „Vier natürlich!"
Lehrer: „Und welche Beine sind länger, die Hinter- oder die Vorderbeine?"
Jasmin: „Die Hinterbeine! Meine Güte, haben Sie denn noch nie einen Ankylosaurus gesehen?"

Vorsicht: Tyrannosaurus Witz!

Fragt ein kleiner Tyrannosaurus Rex seine Mutter: „Mama, kommen Dinosaurier eigentlich auch in den Himmel?"
Antwortet seine Mutter: „Nein, mein Schatz, ins Museum."

Ein Tyrannosaurus trifft seine Freundin und sagt: „Du, ich bin jetzt Vegetarier."
„Aha, und was frisst du jetzt?"
„Blutorangen."

Ein Tyrannosaurus trifft einen Triceratops im dunklen Wald.
Sagt der Triceratops: „Es ist so dunkel hier, ziemlich unheimlich!"
Sagt der Tyrannosaurus: „Was soll ich denn erst sagen? Wenn ich dich gefressen habe, bin ich ganz alleine hier!"

Kommt ein junger Triceratops nach
Hause und sagt: „Mama, ein
Tyrannosaurus hat mir ins Bein
gebissen!"
„Und?", fragt die Mama. „Hast du was
draufgetan?"
„Nein, es hat ihm auch so geschmeckt!"

Zwei alte Tyrannosaurus-Freunde
begegnen sich im Urwald.
Sagt der eine: „Roooaah!"
Darauf der andere: „Das wollte ich
auch gerade sagen!"

Ein Stegosaurus hat sich verlaufen.
Da trifft er ein paar Artgenossen und
fragt sie: „Hier sieht's aber ganz
schön gefährlich aus! Gibt es hier
Spinosaurier?"
„Nein, keine Angst", antwortet einer von
ihnen. „Die gab es früher, aber sie
wurden alle von den Tyrannosauriern
gefressen!"

Fragt ein Tyrannosaurus einen anderen:
„Was machst du denn hier?"
„Jagen!", antwortet dieser.
„Und was jagst du?", fragt der neugierige
Artgenosse nach.
„Scutellosaurier!"
„Und, hast du schon einen gefangen?"
„Nein", murmelt der Jäger genervt.
„Und woher willst du dann wissen, dass
du Scutellosaurier jagst?"

„Hast du denn keine Ohren?", schimpft der T-Rex-Vater mit seinem Sohn. „Wie oft hab ich dir schon gesagt, dass du nicht so mit deinen Armen zappeln sollst!"
Da fragt der kleine T-Rex zurück:
„Und wie, bitte schön, soll ich mit den Ohren zappeln?"

Ein Compsognathus-Vater geht mit seinem Jungen spazieren. Plötzlich läuft das Junge zu einer Gruppe Tyrannosaurier.
Da ruft der Papa: „Hey, halt dich von den Tyrannosauriern fern!"
„Wieso?", schallt es zurück. „Ich tu denen doch nichts!"

Die Stegosaurier-Kinder wollen im Tal spielen.
Die Mutter warnt sie: „Seid bitte vorsichtig. Erst letzte Woche sind dort fünf Stegosaurier-Kinder von einem Tyrannosaurus Rex gefressen worden."
Darauf das Jüngste: „Das kann uns nicht passieren. Wir sind ja nur zu dritt."

Fragt ein junger Tyrannosaurus seine
Mutter: „Ist schon Mittagszeit? Gehen
wir jagen? Ich hab schrecklichen
Hunger!"
„Nein, es ist noch nicht Mittag", gibt ihm
die Mutter zur Antwort.
„Hmm, dann geht mein Magen wohl
vor!"

Der Tyrannosaurus Rex riecht an dem gerade gefangenen Triceratops und sagt: „Heute möchte ich mal etwas richtig Gutes essen!"
Darauf antwortet der Triceratops: „Dann empfehle ich besonders den Ankylosaurus."

Der Triceratops schreit: „Aua, wer hat mich gebissen?"
Antwortet der T-Rex: „Was nützt es dir, wenn du meinen Namen kennst?"

Trifft ein Tyrannosaurus Rex bei einem Spaziergang einen Scutellosaurus.
Fragt der T-Rex: „Na, wer bin ich? Sag es mir!"
„Du bist der König der Dinosaurier!", antwortet der Scutellosaurus.
„Sehr gut, mein Lieber!", sagt der T-Rex und geht weiter. Dann trifft er auf einen Triceratops und stellt die gleiche Frage.
Der Triceratops sagt sofort: „Der große König aller Saurier!"
Zufrieden läuft der Tyrannosaurus weiter, bis er einen Deinocheirus trifft.
Er baut sich vor ihm auf und fragt wieder: „Wer bin ich?"
Der Deinocheirus schweigt, holt mit seiner schrecklichen Kralle aus und will auf den T-Rex losgehen.
Da sagt dieser: „Halt, ruhig Blut, man wird ja wohl noch fragen dürfen ..."

Kommt ein Triceratops zurück nach Hause. Die Angst steht ihm noch ins Gesicht geschrieben.

„Was ist dir denn passiert?", fragt die Mutter.

„Ich habe eine Horde Tyrannosaurier gesehen. Das war wirklich zum Fürchten!"

„Und?", fragt die Mutter nach. „Was hast du dann gemacht?"

„Ich bin schnell weggerannt und habe mich in einem Krater versteckt!"

„Aber es gibt hier doch überhaupt keine Krater!"

„Also Mama, das war mir in dem Moment echt so was von egal!"

T-Rex   T-Tops   P-Don

Das kleine Tyrannosaurus-Baby schreit immerfort.

Ein Artgenosse fragt die Mutter: „Warum schreit er denn so?"

„Weil er Zähne kriegt", antwortet sie.

„Aha, will er denn keine?"

Der junge Tyrannosaurus jagt sein Opfer quer durch den Wald.

Die T-Rex-Mutter schimpft: „Ich habe dir schon tausendmal gesagt: Man spielt nicht mit dem Essen!"

Der Tyrannosaurus Rex stolpert und knallt mit dem Kopf an einen Felsen. „Oje!", sagt er. „Hoffentlich habe ich keine Gehirnerschütterung."
„Keine Sorge", beruhigt ihn der Stegosaurus. „Wo nichts ist, kann auch nichts erschüttert werden."

Die Tyrannosaurier feiern eine Party. Einer kommt alleine und auch viel zu spät.

Da fragen die anderen: „Warum hast du denn deine Liebste nicht mitgebracht?"

„Sie ist krank."

„Gefährlich?"

„Nein, richtig gefährlich ist sie nur, wenn sie gesund ist."

Ein schwangeres Tyrannosaurus-Weibchen erklärt ihrem Neffen: „Hier in meinem Bauch ist mein Baby drin."

„Und hast du es lieb?", fragt der Neffe.

„Natürlich!"

„Und warum hast du es dann gefressen?"

Zwei Tyrannosaurier beobachten eine riesige Herde von Triceratops.
Fragt der eine: „Was meinst du, wie viele es sind?"
„304!", antwortet der andere wie aus der Pistole geschossen.
„Warum weißt du das so schnell?"
„Ich habe einfach alle Beine gezählt und dann durch vier geteilt."

Ein Stegosaurus bekommt von einem Tyrannosaurus ordentlich was auf die Nase, kann sich aber noch nach Hause flüchten.
Die Familie fragt ihn: „Und, ist die Nase noch ganz?"
Antwortet der Stegosaurus: „Ja, alles gut, die Löcher waren schon vorher drin!"

Fragt ein Triceratops seinen Artgenossen: „Wie komme ich wohl am sichersten durch den dunklen Wald?" Der andere antwortet: „Als Tyrannosaurus zum Beispiel!"

Zwei Ankylosaurier unterhalten sich. Der eine erzählt: „Also gestern habe ich dem Tyrannosaurus aber mal die Meinung gesagt!"
„Und, was hast du erreicht?", fragt der andere.
Antwortet der erste: „Mit Müh und Not gerade noch ein gutes Versteck!"

Der Triceratops-Vater erzählt seinen Kindern wieder einmal von seinen gefährlichen Abenteuern: „Stellt euch vor: Vierzehn Tyrannosaurier auf einmal! Ich habe sie nacheinander mit meinen Hörnern aufgespießt!"
„Aber Papa", sagt das Jüngste mit zarter Stimme, „letztes Jahr hast du doch nur von zwölf gesprochen!"
Der Vater antwortet streng: „Letztes Jahr wart ihr auch noch viel zu jung, um die ganze Wahrheit zu erfahren."

Sagt der kleine Ankylosaurus zu seiner Mutter: „Mami, die Pflanze schmeckt mir nicht!"
Antwortet die Mutter: „Nun iss schon, sonst kommt der böse Tyrannosaurus!"
Darauf der Kleine: „Und du glaubst, dem schmeckt die, ja?"

Da lachen ja die Dinos

Gehen zwei Triceratops-Kinder in den Zoo.

Sagt das eine: „Nicht schlecht für den Anfang. An der Kasse sieht man schon die erste Schlange!"

Ein Pteranodon ist genervt von den vielen Stechmücken. Eines Nachts sieht er ein Glühwürmchen und denkt sich: „Jetzt kommen sie schon mit ihren Taschenlampen!"

Bei einem Spaziergang trifft der Stegosaurus ein unbekanntes Tier.
Er fragt: „Was bist du denn für ein seltsames Tier?"
„Ich bin ein Wolfshund. Ganz einfach: Vater Wolf, Mutter Hund."
„Ach so", sagt der Stegosaurus und geht weiter.
Nach einer Weile trifft er noch ein Tier und fragt: „Was bist du denn für ein Tier?"
„Ich bin ein Ameisenbär", bekommt er als Antwort.
„Nee, nee!", meint der Stegosaurus kopfschüttelnd. „Das kannst du mir nicht erzählen!"

Seufzend sagt der Argentinosaurus beim Anblick eines Zebras: „Ja, Streifen machen wirklich schlank."

Ein kleiner Triceratops hat fürchterlichen Durst. Plötzlich entdeckt er eine Oase mit frischem Wasser und eilt darauf zu.

Doch vor der Oase steht eine Horde Pinguine und fragt ihn: „Was willst du denn hier?"

Der Triceratops antwortet: „Wasser, ich will Wasser!"

Darauf die Pinguine: „Tut uns leid, aber ohne Anzug kommst du hier nicht rein!"

Sagt der Brachiosaurus zur Maus: „Nun drängel doch nicht so!"
Sagt die Maus: „Ach, rutsch mir doch den Buckel runter!"

Stehen zwei Pferde im Stall. Kommt ein Compsognathus rein, läuft die Wand hoch, an der Decke entlang, an der anderen Wand wieder runter und verdrückt sich durch das Fenster. Sagt das eine Pferd erstaunt zum anderen: „Hast du das gesehen?" Antwortet das andere: „Ja. Der grüßt nie!"

• •

Zwei Stegosaurier im Zoo.
Fragt der eine: „Was sind das für seltsame zweibeinige Kreaturen, die uns hier die ganze Zeit anstarren?"
„Mach dir keine Sorgen", sagt der andere. „Die sind ja hinter Gittern!"

• •

Kommt ein Hahn in den Hühnerstall. Er rollt ein Sauropodenei vor sich her und meint: „Meine Damen, ich will mich ja nicht beschweren, aber seht mal, was anderswo geleistet wird!"

Geht ein Triceratops über eine Wiese und trifft eine Kuh, die sich schüttelt. Er fragt sie verwundert: „Was machst du denn da?"
Die Kuh antwortet: „Wir haben morgen eine Geburtstagsfeier und ich bereite schon mal die Schlagsahne vor!"

Sitzt ein Spinosaurus in der Milchbar. Plötzlich kommt eine Kuh herein. Da beschwert sich der Saurier: „Seit wann kommen denn die Lieferanten zum Haupteingang herein?"

Fragt der Scutellosaurus den Regenwurm: „Na, so allein hier?" „Ja", sagt der Regenwurm traurig. „Der Rest der Familie ist beim Angeln!"

Sagt ein Giganotosaurus zu seinem Freund: „Mist, mich hat ein Tiger gestochen!" Der Freund antwortet: „Nein, nein, das war eine Wespe!" „Ja, kann sein. Eben irgendein kleines gelb-schwarz gestreiftes Vieh!"

Steht ein Triceratops auf der Weide und wird von einer Horde Spatzen belagert, die auf ihm herumpicken. Nach einer Weile ist der Saurier genervt, dreht den Kopf nach hinten und sagt zu den Spatzen: „Wenn ihr nicht ein wenig ruhiger sein könnt, bleibt mein Feinkostladen in Zukunft geschlossen!"

Ein Brachiosaurus tritt auf einen Ameisenhaufen. Die Ameisen sind wütend und beschließen, sich zu wehren. Sie erklettern den Brachiosaurus und besetzen ihn. Dieser schüttelt sich kräftig und die Ameisen fallen zu Boden. Bis auf eine, die sich tapfer am Hals des Brachiosaurus festklammert.
Da ertönt es von unten: „Erwürg ihn, erwürg ihn!"

Der Kakadu hat Geburtstag.
Fragt ihn der Stegosaurus: „Wie alt bist
du jetzt eigentlich geworden?"
„Achtzehn", antwortet der Kakadu.
„Oh, dann muss ich jetzt ja Kaka*Sie*
sagen!"

Setzt sich ein Mammut neben
einen Herrn auf die Parkbank.
Der Herr rückt ein Stück weg
und fragt: „Haben Sie Flöhe?"
Antwortet das Mammut
entrüstet: „Ich bin
doch kein Hund!
Wenn dann
habe ich Läuse!"

Ein Argentinosaurus unterhält sich mit einer Maus über die Lage am Arbeitsmarkt: „Also, die Baubranche boomt und ich kann als Kran arbeiten!" Antwortet die Maus: „Glückwunsch, ich komme höchstens noch als Computermaus infrage und da wird man nur hin- und hergeschoben!"

• • • • • • • • • • • • • • • • • • • •

Sitzt eine Fliege auf einem Deinocheirus. Kommt eine zweite Fliege herbei und fragt: „Was machst du denn hier?" Sagt die erste: „Psst! Leise! Wir jagen!"

• • • • • • • • • • • • • • • • • • • •

Fragt ein Scutellosaurus den Holzwurm: „Wie geht es deinen Kindern?" Der Holzwurm antwortet: „Es geht, sie beißen sich so durch."

Sitzen zwei Spinosaurus-Weibchen vor einem Vogelkäfig.
„Der ist ja grün!", sagt das eine. „Das ist überhaupt kein Kanarienvogel!"
„Da wäre ich mir nicht so sicher", sagt das andere. „Vielleicht ist er einfach noch nicht reif!"

Ein Argentinosaurus wird von zwei Fliegen belästigt. Wütend schreit er sie an: „Hey, zwei gegen einen ist unfair!"

Stehen eine Schnecke und ein Scutellosaurus an einer verkehrsarmen Landstraße. Der Scutellosaurus will rübergehen, doch die Schnecke ermahnt ihn: „Bist du verrückt? Willst du überfahren werden? In zwei Stunden fährt hier der Linienbus entlang!"

Ein Dinosaurier und ein Marienkäfer sind im Freibad.
Sagt der Käfer: „Geh du zuerst ins Wasser."
Antwortet der Dinosaurier: „Okay, aber nicht schubsen!"

Sagt das Schaf zum Ankylosaurus: „Mäh!"
Sagt der Ankylosaurus: „Mäh doch selber!"

Kommt ein Spinosaurus mit einer Ente in die Bäckerei. Die Ente bestellt ein Stück Erdbeerkuchen.

Der Spinosaurus sagt: „Ich hätte gerne ein Häubchen Sahne, so schmeckt mir die Ente besser!"

Der Zoo möchte eine neue Attraktion bieten, um wieder mehr Besucher anzulocken, und steckt zwei Tierpfleger in Spinosaurus-Kostüme. Die Pfleger werden aber übermütig, tollen herum und springen über den Zaun. Unverhofft finden sie sich im Löwengehege wieder. Da ergreift sie die Panik und sie fangen an zu schreien.

Doch die Löwen zischen ihnen nur zu: „Psst. Seid gefälligst leise, sonst fliegt die ganze Sache auf und wir verlieren alle unseren Job!"

Und wenn sie nicht (aus)gestorben sind ...

Ein Ankylosaurus berichtet seinem Freund: „Endlich kann ich wieder gut hören, ich habe ein Hörgerät bekommen!"
„Was kostet so etwas denn?"
„Es rostet überhaupt nicht!"

Kommt ein alter Stegosaurus zum Optiker: „Ich brauche eine Brille!"
„Kurzsichtig oder weitsichtig?", fragt der Optiker.
„Durchsichtig wäre schön, mein Herr."

Zwei Stegosaurier wollen ins Kino.
Sagt der eine: „Hey, Mist, siehst du das Schild da? Da steht ‚Kein Zutritt für Dinosaurier'!"
Entgegnet der andere: „Egal, die anderen Dinosaurier tun doch auch so, als ob sie nicht lesen könnten!"

Kommt ein Deinocheirus zum Arzt und klagt über seinen Gedächtnisverlust. Der Arzt fragt: „Seit wann haben Sie das?"
„Seit wann habe ich was?"

Fragt ein Mann seinen Nachbarn: „Beißt
Ihr neuer Spinosaurus eigentlich?"
„Natürlich, aber keine Angst, er ist
ausgesprochen wählerisch!"

**Die Mutter schimpft mit ihrem kleinen
Scutellosaurus: „Du solltest doch
aufpassen, wann die Milch überkocht!"
„Hab ich ja, es war genau Viertel vor
zehn."**

Sagt die Spinosaurus-Frau zu ihrem Mann: „Bevor wir dich zum Zahnarzt bringen, musst du dir die Zähne noch gründlich putzen!"
„Auch den, den er ziehen will?"

Der Zahnarzt schaut dem Giganoto-saurus ins Maul und meint besorgt: „Das ist kein Loch, Loch, Loch. Das ist schon eine Höhle, Höhle, Höhle."
„Das müssen Sie mir aber nicht dreimal sagen, Herr Doktor!"
„Das mache ich auch nicht. Das ist das Echo, Echo, Echo."

Kommt ein Compsognathus zum Tierarzt und sagt: „Herr Doktor, ich bin viel zu klein, die anderen Saurier beachten mich überhaupt nicht."
Sagt der Arzt: „Der Nächste, bitte!"

Ein Triceratops stellt sich in einer Apotheke auf die Waage.
Verwirrt sagt er zur Apothekerin:
„Ihre Waage ist wohl kaputt."
„Ach ja?", fragt sie.
„Ja", sagt der Triceratops. „Da steht: Bitte nur eine Person!"

Treffen sich zwei Triceratops-Männchen im Bus.
Sagt der eine: „Ich fahre schon seit vier Jahren mit dem Bus."
Darauf fragt ihn der andere: „Meine Güte, wo bist du denn zugestiegen?"

Zwei Shonisaurier schwimmen durch das Meer. Plötzlich sehen sie ein U-Boot.
Da beruhigt der ältere seinen Begleiter: „Keine Angst, das sind nur diese Menschen in Dosen!"

Der Argentinosaurus fragt seinen Gefährten: „Wollen wir laufen oder nehmen wir den Bus?"
Fragt sein Gefährte zurück: „Was, du willst den Bus auch noch mit dir herumschleppen?"

Ein Brachiosaurus wird von der Polizei angehalten.
Polizist: „Können Sie sich identifizieren?"
Der Brachiosaurus betrachtet sich in einem spiegelnden Schaufenster und sagt: „Ja, ich bin es!"

Zwei Elasmosaurier finden sich in einem Aquarium wieder.
Fragt der eine: „Sag mal, wie fährt man dieses Ding überhaupt?"

Steht ein Archaeopteryx an der Theater-kasse und will eine Eintrittskarte kaufen.
Sagt die Kassiererin erstaunt: „Na, so was, ein sprechender Archaeopteryx!"
Der Archaeopteryx antwortet: „Keine Angst, während der Vorstellung halte ich brav die Klappe!"

Steht ein Junge an der Bushaltestelle und wartet, doch der Bus kommt nicht. Dann kommt ein Stegosaurus vorbei und bietet ihm an: „Ich kann dich gerne ein Stückchen mitnehmen. Spring einfach auf und halt dich an meinen Rückenplatten fest."

Am Ziel angekommen sagt der Stegosaurus: „Das macht dann vier Euro!"

„Was?", fragt der Junge. „Der Bus hätte nur drei Euro gekostet und mehr habe ich nicht dabei!"

„Der Bus kam aber nicht und bis hierher koste ich eben vier Euro!"

„Na dann", sagt der Junge. „Bring mich bitte ein Stück zurück, bis wir wieder bei drei Euro sind!"

Ein Ankylosaurus schlendert durch ein Kunstmuseum. Nach einer Weile bleibt er vor einer Wand stehen, schüttelt den Kopf und sagt zum Museumsführer: „Und das soll nun wohl moderne Kunst sein, was?"
„Nein", antwortet dieser. „Das ist nur ein Spiegel!"

Es ist Hochsommer, beste Saison auf der Urlaubsinsel, und eine Gruppe Giganotosaurier schlendert am Strand entlang. Alle Badegäste rennen kreischend davon, der Strand ist nun menschenleer.

Ein Dinosaurier wundert sich: „Komisch, ich habe gehört, dass man zu dieser Zeit sonst kaum einen Liegeplatz findet!"

Die Frau liest ihrem Mann aus der Zeitung vor: „Stell dir vor, hier steht, dass es in unserem Wald tatsächlich wieder Tyrannosaurier geben soll!"

„Und was tun sie dagegen?", brummt ihr Ehemann.

„Sie haben erst einmal eine Gruppe Jäger hineingeschickt."

„Na, von denen werden die Saurier aber nicht lange satt!"

Das Frauchen fragt seinen Triceratops, der gerade beim Tierarzt war: „Was hat der Doktor gesagt?"
„Dreißig Euro!"
„Nein, was hast du gehabt?"
„Zwanzig Euro!"
„Nein, was hat dir gefehlt?"
„Zehn Euro!"

Ein Ehepaar sitzt beim Essen. Die Frau beobachtet, wie ihr Mann ihrem Deinocheirus seinen Teller hinschiebt, und fragt mürrisch: „Du willst doch wohl nicht dieses gute Gericht an unseren Deinocheirus verfüttern?"
„Aber nein", sagt der Mann. „Ich will doch nur tauschen!"

Eine Frau läuft mit einem Scutellosaurus an der Leine herum. Fragt ein Passant: „Wo haben Sie den denn her?"

Darauf die Frau: „Tja, komisch, nicht wahr? Die müssten eigentlich längst ausgestorben sein, aber dieser ist mir im Urlaub zugelaufen!"

Der Passant erwidert irritiert: „Dann bringen Sie ihn doch in den Zoo."

Darauf antwortet die Frau: „Da war ich ja gerade mit ihm und jetzt will er ins Kino!"

„Warum hast du deinem Brachiosaurus eigentlich eine Brille mit grünen Gläsern aufgesetzt?"

„Ich hatte kein frisches Gras mehr für ihn und er sollte es nicht merken!"

Der Verkehrspolizist hält einen Deinocheirus auf der Landstraße an: „Nach unserer Geschwindigkeitsmessung sind Sie mit 80 Kilometern in der Stunde durch die Ortschaft gerannt!" „Unmöglich", antwortet der Deinocheirus. „Ich bin erst seit zehn Minuten unterwegs!"

Als die Feuerwehr beim brennenden Haus eintrifft, entdeckt sie einen Spinosaurus, der Papier in die Flammen wirft.
Wütend schreit der erste Feuerwehrmann das Tier an:
„Was fällt dir ein, noch Papier in das Feuer zu werfen?"
„Was regen Sie sich so auf, ich helfe Ihnen doch nur. Das ist doch Löschpapier!"

Der Hausmeister sieht den Brachiosaurus die Kunstblumen gießen.
Er fragt ihn: „Was machst du denn da, das sind doch künstliche Pflanzen!"
Der Saurier antwortet: „Weiß ich doch, deswegen ist ja auch kein Wasser in der Gießkanne!"

Der Zoodirektor beruhigt den neuen Tierpfleger im Tyrannosaurus-Gehege: „Keine Angst, der ist mit der Flasche großgezogen worden!"
Doch das wirkt beim Tierpfleger nicht, denn er sagt: „Das bin ich auch, aber trotzdem esse ich heute Steaks!"

Unterhalten sich zwei Dinosaurierdompteure im Zirkus. Der eine sagt: „Jetzt arbeite ich schon seit vielen Jahren mit dem Giganotosaurus, aber ich habe immer noch Angst, wenn ich meinen Kopf bei der Vorstellung in das Maul stecke."

„Verständlich!", entgegnet der andere. „Ich fürchte mich auch im Dunkeln!"

Jemand ruft beim Zirkus an und fragt:
„Kann ich bei Ihnen arbeiten?"
Der Zirkusdirektor fragt zurück: „Ja, was
kannst du denn so?"
Der Anrufer antwortet: „Ich kann
jonglieren und Einrad fahren. In
Akrobatik bin ich auch nicht schlecht."
Sagt der Zirkusdirektor: „Das ist aber ein
wenig dürftig."
„Mensch, was erwarten Sie von einem
Ankylosaurus denn sonst noch alles?"

Ein Tierpfleger wird von einem
Spinosaurus gebissen und kommt
zum Arzt.
Der fragt ihn: „War das Ihr erster
Arbeitsunfall?"
„Unfall?", schreit der Tierpfleger.
„Das war kein Unfall, der Spinosaurus
hat mich mit Absicht gebissen!"

Eines Morgens entdeckt der Zirkusdirektor, dass der Pteranodon ausgebrochen ist.

Er fragt seine Angestellten: „Wie konnte das passieren, dass er den Schlüssel klauen konnte?"

„Den hat er nicht geklaut", versichern die Angestellten. „Den hat er ganz ehrlich beim Pokern gewonnen!"

Kommt ein Mann in ein Zoogeschäft und äußert seinen Wunsch: „Ich hätte gerne ein Tier, das gut singen kann!"

Der Verkäufer deutet auf einen Archaeopteryx in der Ecke.

„Aber der hat doch nur ein Bein!", bemerkt der Kunde.

Doch der Verkäufer antwortet prompt: „Sie wollten einen Sänger und keinen Tänzer!"

„Die Tür eures Papageienkäfigs ist geöffnet und der Vogel ist nicht mehr drin. Hast du bemerkt, wie er entflogen ist?"
„Nein, aber mir ist aufgefallen, dass unser Spinosaurus plötzlich sprechen kann!"

„Ich wünsche mir einen echten Dinosaurier zum Geburtstag."

„Sei realistisch!"

„Okay. Dann wünsche ich mir eine Mutter, die niemals meckert oder mir sagt, was ich tun soll."

„Welche Farbe soll der Dinosaurier haben?"

• • • • • • • • • • • • • • • • • • •

Kommt das Herrchen nach Hause und findet seinen Archaeopteryx auf einem Fußball sitzend.

„Du weißt schon, dass das nicht dein Ei, sondern ein Fußball ist, oder?"

„Klar weiß ich das, aber man wird ja wohl noch mit Puppen spielen dürfen!"

• • • • • • • • • • • • • • • • • • •

„Sie haben ja einen ausgezeichnet wachsamen Spinosaurus!", sagt ein Mann am Strand. „Der bewacht Ihren Platz wirklich gut."
„Leider ist es nicht mein Saurier. Ich stehe hier schon seit zwei Stunden und komme einfach nicht an meine Sachen heran!"

„Kaufen Sie Lose, kaufen Sie Lose!"
„Was ist denn der Hauptgewinn?"
„Ein Elasmosaurus!"
„Was soll ich denn damit? Ich will keinen Elasmosaurus!"
„Machen Sie sich keine Sorgen, fast alle Lose sind sowieso Nieten!"

Sagt ein Dinosaurier-
besitzer zum anderen:
„Jedes Mal, wenn
mein Triceratops ins
Wasser geht,
bekommt er was!"
„Ja, was denn?"
„Nasse Füße!"

Ein Bauer beobachtet seinen Nachbarn,
wie er seinen Stegosaurus vor den
Karren spannt und ihm zuruft: „Los,
Karlchen, zieh! Pauli, mach schon, zieh!
Henry, hau rein, gib alles!"
Da fragt ihn der Bauer von nebenan:
„Haben Sie den Namen Ihres Tieres
vergessen?"
„Nein, aber wenn er merkt, dass er
allein ziehen soll, versucht er es erst
gar nicht!"

Fragt der Zoobesucher den Tierpfleger:
„Wie heißt denn der Scutellosaurier dort?"
„Helmut!"
„Und der andere dahinten?"
„Auch Helmut!"
„Und der unter dem Baum dort?"
„Ebenfalls Helmut!"
„Warum haben die denn alle denselben Namen?"
„Hatten sie nicht immer, aber wenn wir jetzt Helmut rufen, kommt wenigstens einer manchmal her!"

Fragt der Nachbar über den Gartenzaun: „Herr Nachbar, ist das Ihr Archaeopteryx, der da die ganze Zeit rumbrüllt?"
„Natürlich, ich selbst hätte überhaupt keine Zeit dazu!"

Der Briefträger ist etwas eingeschüchtert von Familie Müllers neuem Haustier: Der bereits zu einer stattlichen Größe herangewachsene Tyrannosaurus Rex tobt im Vorgarten beim Anblick des Boten.
Frau Müller will den Postboten beruhigen und ruft: „Keine Angst, kommen Sie ruhig näher. Sie wissen doch: Hunde, die bellen, beißen nicht!"
„Dieses Sprichwort kenne ich, Frau Müller, aber erstens bin ich mir nicht sicher, ob die Kreatur im Garten es auch kennt, und zweitens sieht mir das auch nicht aus wie ein Hund!"

„Lässt Ihr Giganotosaurus eigentlich Fremde an sich heran?"
„Natürlich, irgendwie muss er sich ja ernähren!"

Sagt ein Stegosaurus zu seinem Herrchen: „Weißt du noch, als du mich mal nach meiner Lieblingsspeise gefragt hast?"

„Ja, ich erinnere mich. Warum fragst du?"

„Weil das vor sechs Jahren war und ich gerne mal wieder was anderes fressen würde!"

Unterhalten sich zwei Freunde.
Sagt der eine: „Neulich im Zirkus sprang ein Argentinosaurus in eine Flasche!"

„Aber das war doch bestimmt ein Trick, oder?", fragt der andere erstaunt.

„Na gut, er hat einen Trichter benutzt!"

Eine Frau sitzt mit ihrem Compsognathus vorm Fernseher.
Sie schauen einen Western.
Da sagt die Frau zu dem Compsognathus:
„Jetzt sieh dir das mal an, der dumme Cowboy spricht doch tatsächlich mit seinem Pferd!"

„Mein Compsognathus ist wirklich total intelligent", sagt die eine Nachbarin. „Wenn er rein will, dann klingelt er einfach."
Die andere antwortet: „Meiner hat das gar nicht nötig, er besitzt seinen eigenen Haustürschlüssel!"

Fragt ein Mann seinen Freund: „Und, wie läuft es mit eurem neuen Brachiosaurus zu Hause? Braucht der nicht schrecklich viel Futter? Ist das nicht unheimlich teuer?"

„Ach, das Geld für das Futter ist nicht so das Problem, aber die neuen großen Türrahmen im ganzen Haus waren nicht billig!"

Bei einer Versteigerung steht ein Archaeopteryx zum Gebot.
Ein Bieter erhält den Zuschlag bei 400 Euro. Er sagt zum Auktionator: „So hoch wollte ich eigentlich gar nicht gehen, ich hoffe der Archaeopteryx kann wenigstens sprechen!"
„Selbstverständlich, mein Herr, was glauben Sie denn, wer die ganze Zeit gegen Sie geboten hat?"

Der Lehrer erklärt dem kleinen Frank, dass Shonisaurier schon über 100 Millionen Jahre alt sind. Frank denkt sich: „Was für ein Glück, dass unser Shonisaurus zu Hause nicht weiß, wann er Geburtstag hat. So viele Kerzen könnten wir niemals auftreiben!"

„Wie geht es denn deinem Deinocheirus?"
„Der geht nicht, der rennt geradezu!"
„Wie rennt er denn?"
„Es geht."

„Wie können Sie es wagen, meinen Spinosaurus zu treten? Er hat Sie doch nur beschnüffelt!"
„Denken Sie etwa, ich würde warten, bis er ausprobiert hat, ob ich ihm auch schmecke?"

Fragt Nina ihre Freundin: „Was soll ich deinem Scutellosaurus zum Geburtstag schenken?"

„Schenk ihm eine Lesebrille und ein Buch dazu", antwortet die Freundin.

„Warum, kann er denn lesen?"

„Nein, natürlich nicht, aber er würde gerne so aussehen, als ob er es könnte!"

Ein Triceratops kommt mit der Zeitung nach Hause. Er hält sie fest zwischen seinen Zähnen und will sie nicht herausrücken.
Sein Herrchen schimpft mit ihm, aber sein Frauchen sagt: „Nun sei nicht so fies zu unserem Triceratops, er hat die Zeitung geholt, also darf er sie auch als Erster lesen!"

**Kommt ein Mann zum Arzt und sagt:
„Der Giganotosaurus meines Nachbarn
hat mir den kleinen Finger abgebissen!"
Darauf der Arzt: „Das kann ja jeder
behaupten, aber die Diagnosen stelle
hier immer noch ich!"**

Die Nachbarin beschwert sich: „Ihr neuer
Tyrannosaurus hat meine Katze
gefressen!"
„Oh, gut, dass Sie mir das sagen",
antwortet die Besitzerin. „Dann
bekommt er heute nichts mehr!"

Ein Mann mit einem Archaeopteryx auf dem Arm überquert die Straße.

Aus einem Auto ruft jemand: „Hey, wo willst du denn mit diesem hässlichen Vogel hin?"

Der Mann protestiert: „Das ist kein hässlicher Vogel!"

Aus dem Auto hört man nur: „Seien Sie ruhig, ich rede mit dem Archaeopteryx!"

Ein Mann kommt in die Zoohandlung und möchte seinen sprechenden Archaeopteryx gegen einen neuen umtauschen.

„Aber warum denn das?", erkundigt sich der Verkäufer.

„Er erzählt die ganze Zeit alte Witze!"

„Und das stört Sie?"

„Ja, die kenne ich jetzt alle und will neue hören!"

Gereon spielt mit seinem Scutellosaurus Arzt und Patient. Da kommt die Mutter ins Zimmer und fragt erstaunt: „Warum sitzt der Saurier denn auf dem Schrank?" Gereon antwortet: „Ach, der wurde zur Erholung in die Berge geschickt!"

Unterhalten sich zwei Mütter über ihre Kinder: „Und wie bekommst du deinen Sohn jeden Morgen wach?"
„Ach, ich verstecke etwas vom Lieblingslaub unseres Brachiosaurus unter dem Kopfkissen meines Sohnes und lasse das Tier danach suchen."

„Oma, möchtest du einen Dinosaurier haben?"
„Nein, mein Schatz."
„Na gut. Und jetzt fragst du mich!"

GRRRoßartige Scherzfragen

Was kommt heraus, wenn ein Triceratops und ein Känguru ein Baby bekommen?
Ein Tricerahops!

Was passiert, wenn ein grauer Brachiosaurus ins Rote Meer springt?
Er wird nass!

Woran erkennt man beim Argentino-saurus, auf welcher Seite der Kopf ist?
Man kitzelt ihn in der Mitte und beobachtet, von welcher Seite das Kichern kommt.

Welcher Dinosaurier war schneller, der Stegosaurus oder der Elasmosaurus?
An Land der Stegosaurus, im Wasser der Elasmosaurus.

Was passiert, wenn ein Archaeopteryx bei der Landung in einem Hundehaufen landet?
Er bekommt Kotflügel!

Warum gehen Brachiosaurier nicht Bowling spielen?
Hast du etwa schon mal Bowlingschuhe gesehen, die groß genug wären?

Warum haben Brachiosaurier so lange Hälse?
Weil ihre Füße nicht gut riechen!

Was hat es zu bedeuten, wenn elf Giganotosaurier mit den gleichen T-Shirts und kurzen Hosen in die gleiche Richtung laufen?
Na, dass sie in einer Mannschaft sind!

Was ist der Unterschied zwischen einem dreijährigen Triceratops und einem zweijährigen Tyrannosarurus?
Ein Jahr!

Warum wurde noch nie ein Museumsbesucher von einem T-Rex-Skelett angegriffen?
Weil der T-Rex vielleicht doch ein ganz Lieber war.

Warum können
Shonisaurier
nicht Fahrrad
fahren?
Weil sie keinen
Daumen zum
Klingeln haben!

Was ist der Unterschied zwischen einem Pferd und einem Spinosaurus?
Na, setz dich mal auf einen drauf und gib ihm die Sporen!

Warum haben die Sauropoden
eigentlich von den Bäumen gefressen?
Du würdest auch nicht vom Boden
essen, wenn du dich so weit
runterbücken müsstest!

Wie fühlt man sich eigentlich, wenn man einen Archaeopteryx im Garten hat?
Wahrscheinlich ziemlich alt!

Was will ein Tyrannosaurus mit Filzpantoffeln?
Er will sich besser anschleichen können!

Was macht der faule Brachiosaurus im Winter unter einem Baum?
Er wartet, bis die Blätter wiederkommen!

Was sollte man machen, wenn man einen Argentinosaurier in seinem Bett entdeckt?
Sich einen neuen Schlafplatz suchen!

Was ist der Unterschied zwischen einem Nashorn und einem Triceratops?
Mindestens ein Horn und ein paar Millionen Jahre!

Warum frisst der Brachiosaurus keine sauren Gurken?
Weil er mit dem Kopf nicht in das Glas reinkommt.

Warum hat ein Triceratops drei Hörner?
Für den Fall, dass Horn 1 defekt ist und Horn 2 auch nicht geht, gibt es noch das kleine Nothorn Nummer 3!

Wie heißt ein weißes Mammut?
Hellmut.

Und wie heißt ein gefrorenes Mammut?
Hartmut.

Warum fressen Tyrannosaurier
keine Großstadtbewohner?
Zu viele Schadstoffe!

Welcher Dinosaurier war der flexibelste von allen?
Der Tyrannosaurus Flex.

Wie nennt man einen Dinosaurier, der zaubern kann und auf einem Besen reitet?
Tyrannosaurus Hex!

Warum sind die Dinosaurier aus Eiern geschlüpft?
Weil es ihnen irgendwann zu eng darin wurde.

Was ist der Unterschied zwischen einem Tyrannosaurus Rex und einer reifen Erdbeere?
Der Tyrannosaurus war vielleicht rot, die Erdbeere auf jeden Fall!

Erkältet sich ein Brachiosaurus, wenn er lange in eiskaltem Wasser steht?
Wahrscheinlich schon, aber es dauert eine Woche, bis ihm die Nase läuft.

Woran sieht man, dass ein Brachiosaurus den Weg entlanggelaufen ist?
An den Bäumen und Sträuchern am Wegesrand hängen keine Blätter mehr!

Wie gehen Brachiosaurier ins Bett?
Sie stecken erst ihren Kopf rein und schauen nach, ob für den Rest noch Platz ist.

Was ist so groß wie ein Argentinosaurus, aber dunkler und wiegt nichts?
Der Schatten eines Argentinosaurus.

Woran sieht man, dass ein
Brachiosaurus im Kühlschrank war?
An den Fußspuren in der Butter.

**Was macht ein schwerer Brachiosaurus,
wenn er müde ist?
Ein Dickerchen.**

Wieso können Elasmosaurier nicht
sprechen?
Versuch du doch mal zu sprechen,
wenn dein Kopf unter
Wasser ist!

BLUBB!

Was glänzt in der Sonne und fliegt
durch die Luft?
Ein Archaeopteryx mit Goldzahn.

Warum ist eine Schnecke stärker als ein
Argentinosaurus?
Sie trägt ihr eigenes Haus!

**Wie unterhält man sich mit einem
T-Rex?**
Am besten aus sicherer Entfernung.

Warum haben Sauropoden so einen langen Hals?
Weil der Kopf so weit oben sitzt.

Warum pflanzten sich die meisten Saurier durch Eierlegen fort?
Hätten sie sie einfach heruntergeworfen, wären sie kaputtgegangen!

Was ist ein Argentinosaurus im Gefängnis?
Ein Schwerverbrecher!

Was steht im Gebüsch und wiehert?
Ein Dinosaurier, der eine Fremdsprache gelernt hat.

Warum hat der Triceratops ein kleines Nasenhorn?
Damit die Sonnenbrille sitzt.

Warum schleicht der Tyrannosaurus Rex mit einer Schere durch die Gegend? Weil er seiner Beute den Weg abschneiden will.

Was waren die letzten Worte des Triceratops, als der Tyrannosaurus auftauchte?
„Und ich dachte, das wäre mein Magen, der so laut knurrt."

Wie heißt der schwarz-gelbe Dinosaurier, der summend durch die Gegend fliegt?
Dino Maja.

Warum darf man sonntags nicht durch den Wald laufen?
Weil an diesem Tag die Brachiosaurier von den Bäumen springen!

Was ist der beste Weg, einem
Tyrannosaurus zu entkommen?
Der Fluchtweg!

**Was ruft der T-Rex einer Gruppe müder
Archaeopteryxe zu?
„Jetzt aber raus aus den Federn!"**

Warum hat der Argentinosaurus so
einen langen Hals?
Wegen der schönen Aussicht!

**Warum hat der Brachiosaurus so einen
langen Hals?
Damit er bei Hochwasser nicht ertrinkt.**

Wie ruft die Brachiosaurus-Mama ihre
Kinder?
„Kommt schnell Kinder, das Essen wird
welk!"

Wann kriegt man drei Brachiosaurier unter einen Regenschirm, ohne dass sie nass werden?
Wenn es nicht regnet!

Was ist für einen Deinocheirus schlimmer, als in eine Knolle zu beißen und einen Wurm darin zu finden?
In eine Knolle zu beißen und einen halben Wurm darin zu finden!

Wie bekommt man einen Dinosaurier in den Kühlschrank?
Tür auf, Dinosaurier rein, Tür zu.

Was macht ein Deinocheirus, der auf einem Bein steht?
Er überdenkt den nächsten Schritt.

Was sagt man, wenn man einen
Dinosaurier mit zwei Köpfen trifft?
„Guten Tag, guten Tag."

Was hat Stacheln am Schwanz,
Rückenplatten und 16 Räder?
Ein Stegosaurus auf Rollschuhen!

Welcher Dinosaurier färbt sich bei
Regen rotbraun?
Der Stegosau-Rost.

Kann ein Scutellosaurier höher als ein Baum springen?
Natürlich, oder hast du schon einmal einen Baum springen sehen?

Warum hat der Spinosaurus rohes Fleisch gegessen?
Weil er nicht kochen konnte!

Was kommt heraus, wenn ein Tyrannosaurus Rex und ein Buntspecht ein Baby bekommen?
Ein Saurier, der anklopft, bevor er dich frisst.

Wie nennt ein Tyrannosaurus Rex einen Triceratops auf einem Skateboard?
Essen auf Rädern!

Wann haben Stegosaurier acht Beine?
Wenn sie zu zweit sind!

Was macht ein Brachiosaurus im Tomatenfeld?
Ketchup!

Welche Bäume haben die Brachiosaurier nicht gefressen?
Purzelbäume

Warum schwingen sich Tyrannosaurier
nicht von Ast zu Ast?
Nichts würden sie lieber tun, aber ihre
Arme sind zu kurz!

Wie nennt man einen Triceratops
ohne Beine?
Egal, er wird einem sowieso nicht
über den Weg laufen!

**Und wie nennt man einen
Tyrannosaurus ohne Beine?
Fast egal, der wird einem zwar wohl
auch nicht über den Weg laufen, aber
wenn, dann macht man sich besser
nicht über seine Beine lustig!**

Wie lang sollten Brachiosaurus-
Beine sein?
Mindestens bis zum Boden!

Wie fängt man einen Brachiosaurus?
Man hängt sich an einen Baum und
macht das Geräusch eines saftigen
Blattes nach!

Was sagt der Tausendfüßler zum
Compsognathus, als er von ihm
zum Geburtstag neue Schuhe
geschenkt kriegt?
Tausend Dank!

Was ergibt eine
Kreuzung zwischen
einem Brachiosaurus
und einem Wal?
Ein U-Boot mit Schnorchel!

**Was macht der Triceratops, wenn er
den Tyrannosaurus sieht?
Er hofft, dass dieser ihn nicht sieht!**

Wie nennt man einen Stegosaurus, der in einem Ohr eine Melone und in dem anderen eine Pampelmuse stecken hat?
Den kann man nennen, wie man will, er hört es ja doch nicht!

Was ist der Unterschied zwischen Dinosauriern und Drachen?
Die Dinosaurier sind zwar alt, aber immer noch zu jung zum Rauchen!

Was macht ein Deinocheirus, wenn er eine Schlange sieht?
Hinten anstellen!

Wie viele Brachiosaurier passen in
ein Auto?
Fünf. Zwei vorne und drei hinten.

Und wie viele Scutellosaurier?
Keine mehr, das Auto ist ja schon voll!

Wie nennt man ein untätiges Fossil?
Fauler Knochen!

Was gibt man einem Argentinosaurus
bei Schwindel und Übelkeit?
Am besten ganz, ganz viel Platz!

Was ist der Unterschied zwischen einer
Zecke und einem Brachiosaurus?
Ein Brachiosaurus könnte eine Zecke
haben, aber eine Zecke keinen
Brachiosaurus!

Und was ist schlimmer als ein Argentinosaurus im Porzellanladen? Zwei Argentinosaurier im Porzellanladen!

Warum beißt der Tyrannosaurus Rex keine Briefträger, so wie der Hund? Weil es ihm, im Gegensatz zum Hund, nichts auszumachen scheint, dass er nie Post bekommt!

Warum gibt es in Museen so viele alte Dinosaurierknochen? Weil neue Knochen nicht so echt aussehen würden!

Warum hatten die Dinosaurier keine Hufeisen? Weil sie nicht daran glaubten, dass das Glück bringt.

Woran erkennt man, dass ein T-Rex
müde ist und sich gleich schlafen
legen wird?
An dem Schlafanzug mit dem großen
T drauf!

**Was macht ein kleiner Compsognathus,
wenn er vor einem Löwen und einem
Jaguar steht?
Er lenkt den Löwen ab und fährt mit
dem Jaguar davon!**

Wem geht es schlimmer als einem
Brachiosaurus mit Halsschmerzen?
Einem Tausendfüßler mit Fußpilz!

**Warum schauen
Brachiosaurier bei
Gewitter immer
lächelnd in den
Himmel?
Weil sie denken,
dass sie
fotografiert
werden!**